ECOMOVA

MAGAZINE

OMAR EC
DETERMINACIÓN INQUEBRANTABLE

I0440349

CÓMO TU ME VES
ENTREVISTA EXCLUSIVA CON
DÁMARIS ELAINE

HOY TE LO CUENTO
YOLANDA FABIAN COMPARTE
UN MENSAJE PARA TI

LA IMPORTANCIA DE LA MUSICA EN LA IGLESIA
THE MASTER CLASS
CON GABRIEL GALLEGO

CONOCE LOS DETALLES
PREMIOS ECOMOVA 2023

ecomovamagazine.mediosdigitales

NOVIEMBRE DE 2023//AÑO 2 - N°11 - EDICIÓN 22   @ECOMOVA.MAGAZINE

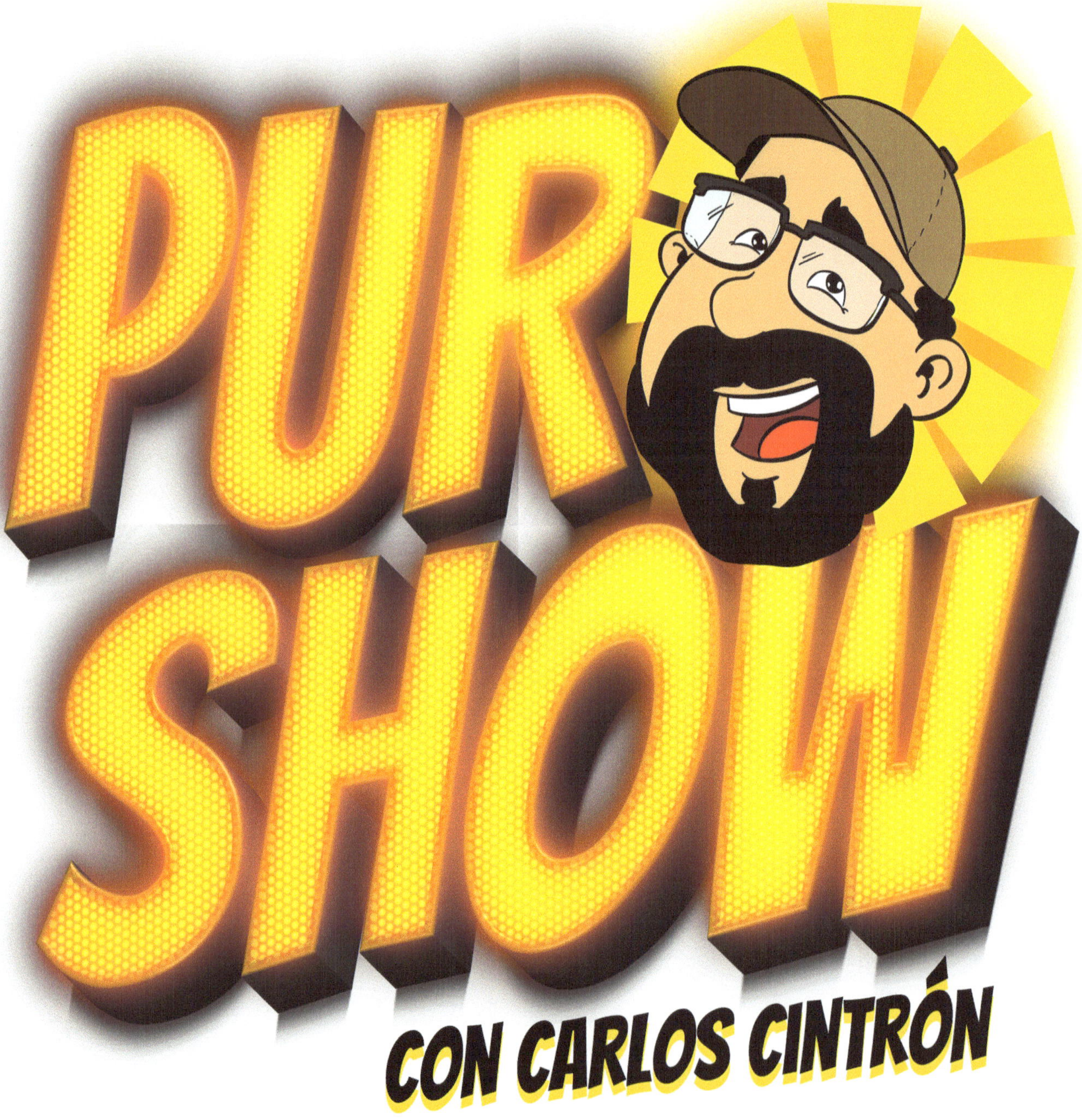

PURO SHOW

CON CARLOS CINTRÓN

El Showman de la Radio

Lunes a Viernes

9am - 12pm (NY TIME)

RadioLibreNJ.com

Baja Nuestro App

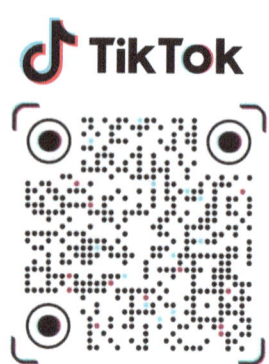

TikTok

Scan QR code to follow account

Editorial

"KINTSUGI"

En la aparentemente tranquila Holanda, un grupo de diseñadores de moda ha desencadenado un movimiento revolucionario en la industria, no para crear algo nuevo y brillante, sino para restaurar y resaltar lo que ya existe. Inspirados en la antigua técnica japonesa de Kintsugi, que transforma porcelanas rotas en obras de arte resplandecientes con laca rociada de oro, estos diseñadores han llevado el arte de la restauración a un nuevo nivel.

En sus talleres de "reparaciones en oro", los participantes no llevan simples prendas de vestir, sino tesoros desgastados y rotos. Aquí, cada agujero y cada rasgadura se convierten en un lienzo para la restauración. Al igual que el Kintsugi, donde la laca dorada resalta las grietas y hace que la porcelana rota sea aún más hermosa, estos diseñadores transforman prendas rotas en obras maestras, creando auténticas "cicatrices de oro". Una cicatriz que no esconde la debilidad, sino que la celebra.

Esta idea de restauración y celebración de las grietas no es ajena a la esfera espiritual. Las palabras del apóstol Pablo resuenan fuertemente: "Me gloriaré más bien en mis debilidades, para que repose sobre mí el poder de Cristo" (2 Corintios 12:9b). A pesar de las grandiosas revelaciones que había experimentado, Pablo no se jactaba de ellas. En cambio, reconocía que lo que le mantenía humilde era un "aguijón en la carne", una debilidad que lo impulsaba a depender totalmente del poder de Dios.

Pablo, como aquellos participantes en el taller de reparaciones en oro, entendía que las áreas rotas y débiles de nuestras vidas pueden convertirse en lienzos donde Dios despliega Su poder transformador. En lugar de esconder nuestras cicatrices, Él las transforma en "cicatrices de oro", testimonios resplandecientes de Su gracia y restauración.

La respuesta divina a la súplica de Pablo revela una verdad eterna: "Bástate mi gracia; porque mi poder se perfecciona en la debilidad" (2 Corintios 12:9a). Aquí radica la esencia de la restauración divina. La gracia de Dios no solo cubre nuestras debilidades, sino que las transforma en manifestaciones de Su poder y gloria. Nuestras cicatrices no son señales de derrota, sino monumentos que proclaman la victoria de Dios sobre nuestras debilidades.

Al igual que esas prendas remendadas con oro, nuestras vidas pueden convertirse en testimonios impactantes de la obra restauradora de Dios. Las áreas rotas no son descalificadoras, sino oportunidades para que la luz divina brille a través de nuestras grietas. Dios no solo nos repara; nos eleva a un nuevo nivel de belleza, revelando Su arte de Kintsugi en nuestras vidas.

Que este mensaje resuene en nuestros corazones: nuestras debilidades no son obstáculos, sino puertas de entrada para el poder de Dios. Que podamos abrazar nuestras cicatrices de oro con gratitud, reconociendo que en la restauración divina, nuestras debilidades se convierten en testimonios gloriosos de Su amor inquebrantable.

Orlando Jiménez

CCO ECOMOVA NETWORK

ECOMOVA
MAGAZINE

STAFF

DIRECTORES

- Rosario de Morales
- Cesia Morales
- Orlando Jiménez

IDEA CREATIVA

- Orlando Jiménez

COORDINADORES NACIONALES

- BOLIVIA - ORLANDO JIMÉNEZ
- COLOMBIA - JULIETTE ABONÍA
- ESTADOS UNIDOS - YOLANDA FABIÁN

COLABORADORES

- FAROLOOP
- DIEGO REYNOLDS - LUDIBARRO
- ALLEGRO MUSIC
- METEORITO MUSIC
- CONTEXTO MEDIA GROUP
- JULIO ALMEDO - LA COLUMNA VERAZ

YOLANDA FABIÁN
"LA DAMA DE LA RADIO"
CORRESPONSALES DE NOTICIAS

- Juliette Abonía - Colombia

INVITADOS DE LA EDICIÓN

- GABRIEL GALLEGO

FOTOGRAFÍA

- CORTESÍA FAROLOOP
- CORTESÍA OMAR EC
- CORTESÍA GABRIEL GALLEGO

Noviembre 2023

HECHO EN BOLIVIA

CONOCE LOS LANZAMIENTOS MÁS RECIENTES

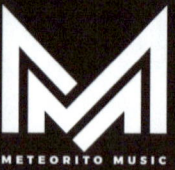

METEORITO MUSIC

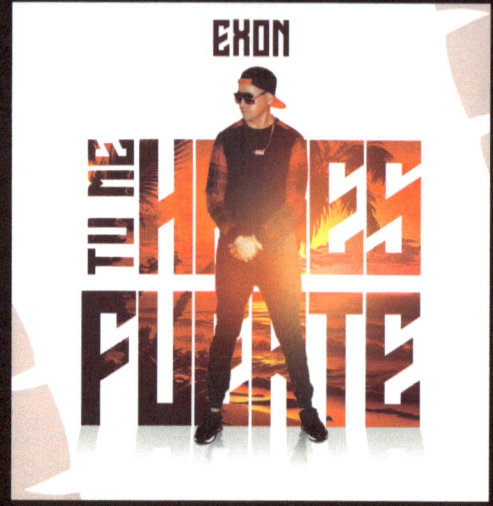

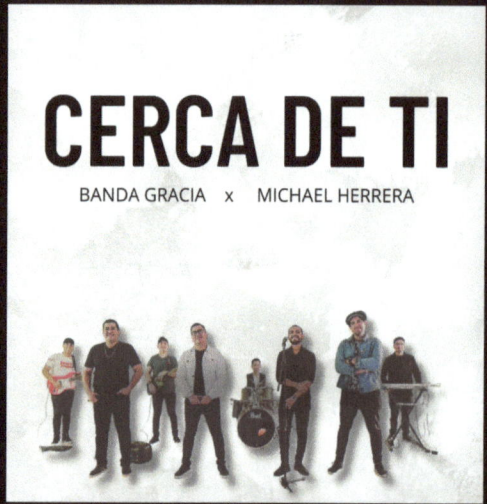

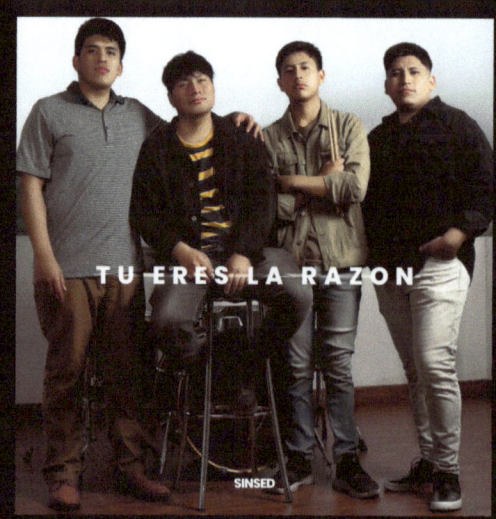

ECOMOVA

MAGAZINE

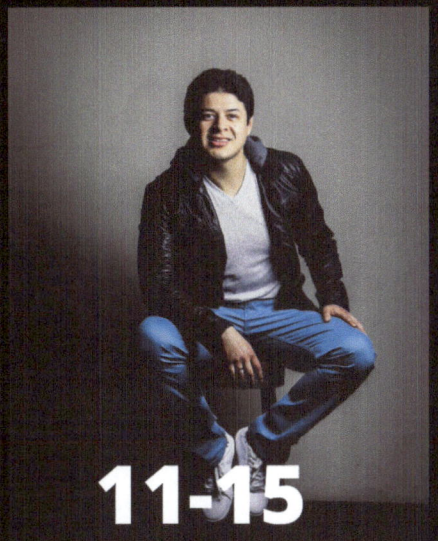

11-15

EN PORTADA
OMAR EC

DETERMINACIÓN
INQUEBRANTABLE

THE MASTER CLASS
CON
GABRIEL GALLEGO
LA IMPORTANCIA DE LA
MUSICA EN LA IGLESIA

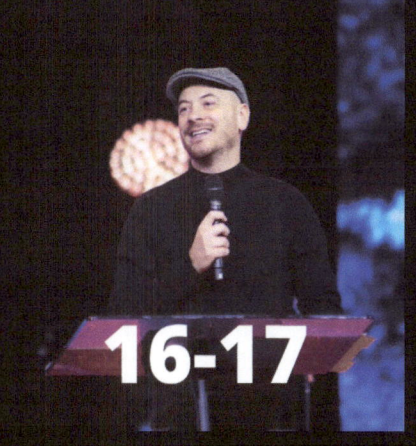

16-17

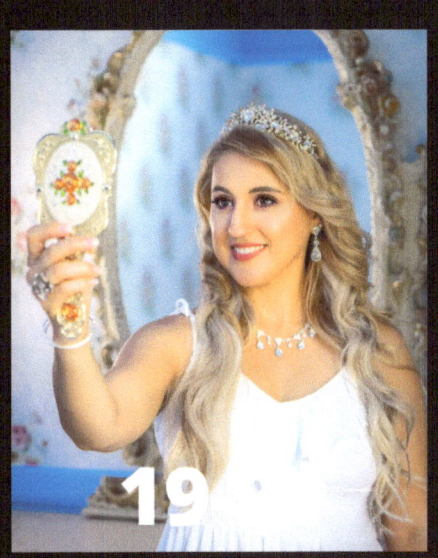

19

LA ENTREVISTA
DAMARIS ELAINE
CONOCE TODOS LOS DETALLES DEL
MINISTERIO Y PRODUCCION

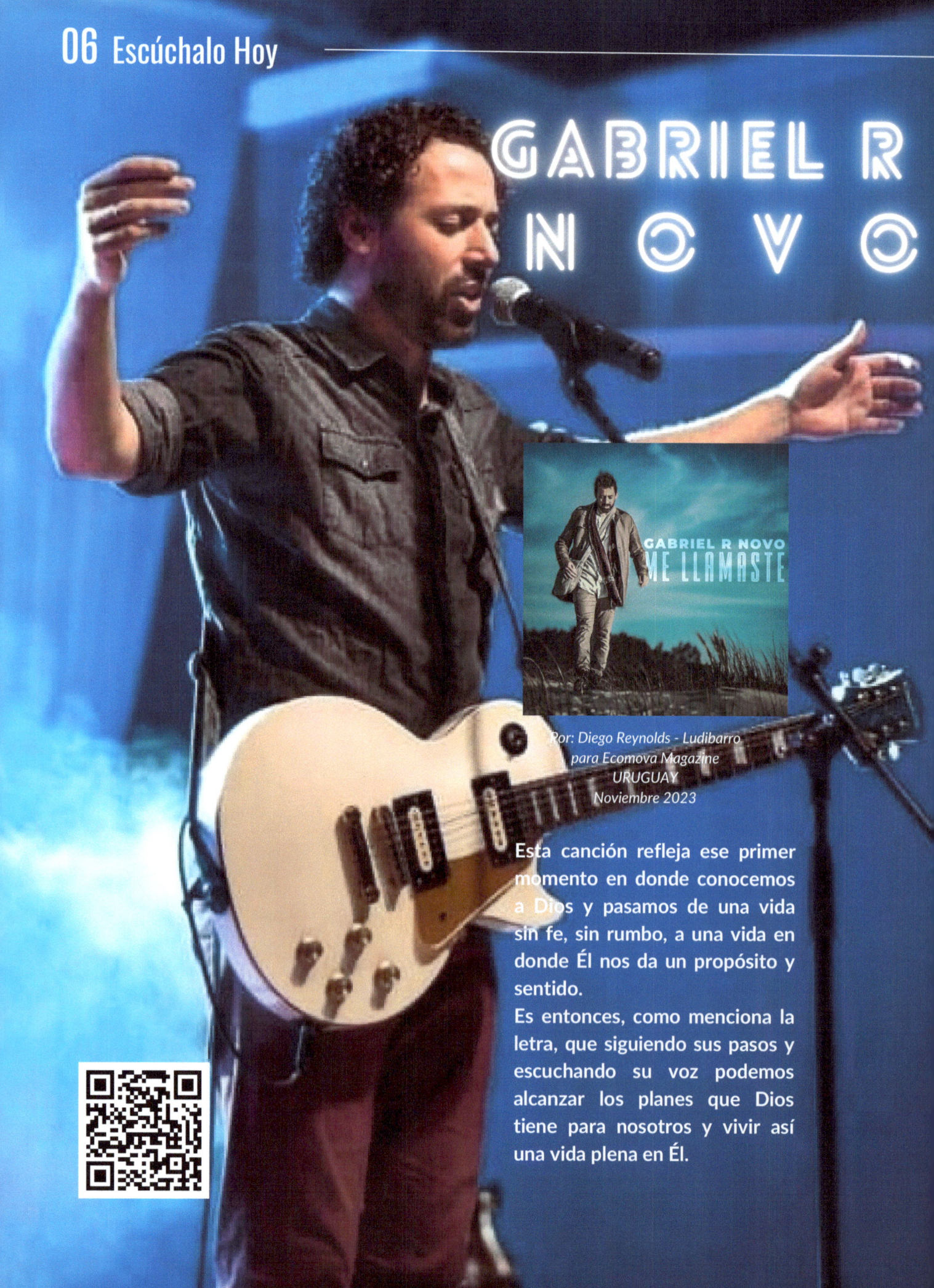

GABRIEL R NOVO

GABRIEL R NOVO
ME LLAMASTE

*Por: Diego Reynolds - Ludibarro
para Ecomova Magazine
URUGUAY
Noviembre 2023*

Esta canción refleja ese primer momento en donde conocemos a Dios y pasamos de una vida sin fe, sin rumbo, a una vida en donde Él nos da un propósito y sentido.

Es entonces, como menciona la letra, que siguiendo sus pasos y escuchando su voz podemos alcanzar los planes que Dios tiene para nosotros y vivir así una vida plena en Él.

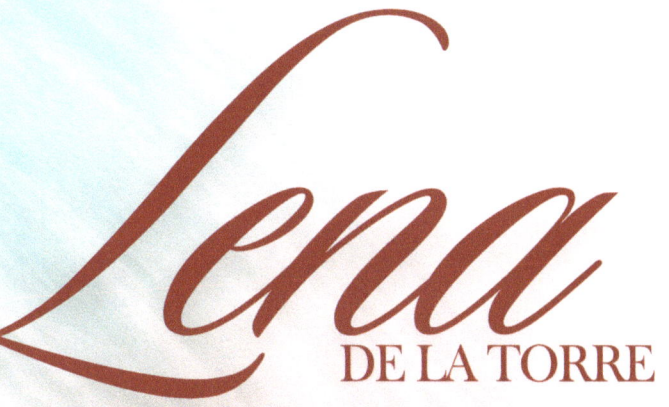

Lena DE LA TORRE

Notas de Fe y Amor Divino
reflejado en su nuevo lanzamiento

MIRA LA CRUZ

Con el lanzamiento de su nueva canción "Mira la Cruz", Lena siente en su corazón la urgencia de compartir el profundo amor que nuestro Padre Celestial tiene para aquellos que creen en su Hijo Jesús. Esta decisión surge como respuesta a una situación difícil que la artista experimentó en su propia vida.

Con la convicción de que lo que Dios ha hecho por ella puede replicarse en muchos a través de la fe, Lena afirma:

"Sé que, así como Dios lo hizo conmigo, lo hará con muchos por medio de la fe".

Esta declaración refleja la experiencia personal de Lena, quien encuentra en su música no solo una expresión artística, sino también una herramienta para compartir el mensaje de esperanza y amor que ha transformado su propia vida.

Por: La Columna Veraz. - Julio Almedo
para Ecomova Magazine
VENEZUELA
Noviembre 2023

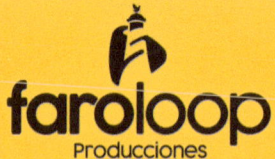

faroloop
Producciones

JENNIFER
HURTADO

Desde muy pequeña sus padres le inculcaron el amor de Dios y asistir a la iglesia.
A los 15 años finalizó su preparación músico ministerial en el Instituto Canzion, pero en ese entonces no se tomaba tan enserio el talento y ministerio que Dios le había dado.
Posteriormente en el año 2018 empezó sus estudios universitarios en Ingeniería Biomédica concluyéndolo en el año actual (2023), pero en medio de su carrera universitaria ella sentía que el llamado de Dios era muchísimo más grande y sentía que no podía escapar, en el último año de su carrera universitaria recibió una palabra de Dios
"Ya hiciste lo que querías, ahora te necesito para lo que yo te llamé" y es en ese momento donde comenzó a trabajar en lo que sería su primer sencillo llamado LA META.

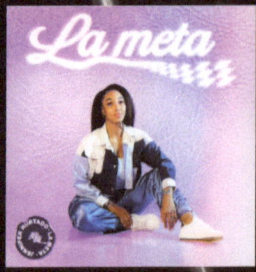

Por: Juliete Abonia - CEO FAROLOOP
para Ecomova Magazine
Noviembre 2023

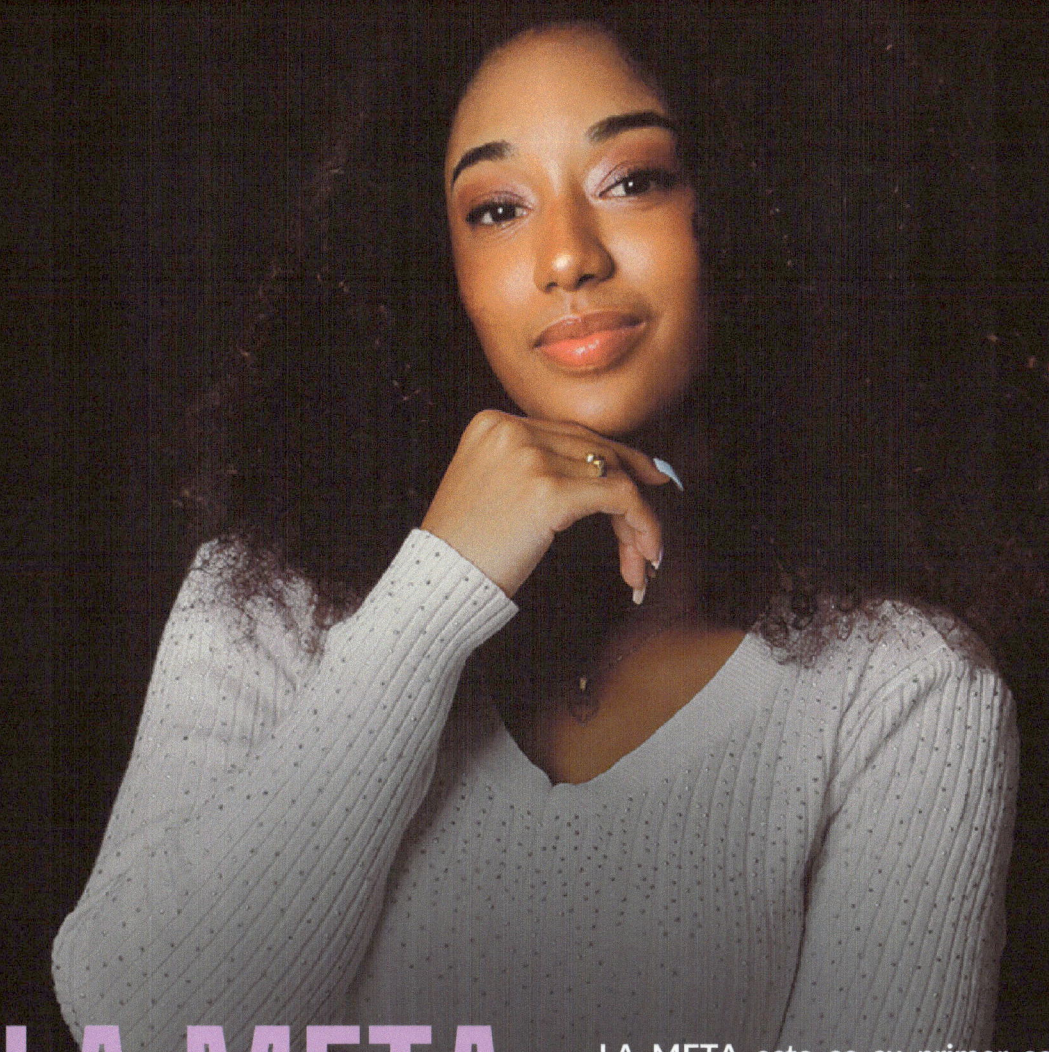

LA META

LA META busca inspirar al creyente a seguir adelante, a pesar de lo difícil que sea la carrera cristiana; es una meta diaria. Jennifer busca recalcar la importancia de aprender a esperar en Dios en medio del proceso, poniendo la mirada en Él a pesar de todo es vital para este camino porque es ahí donde las fuerzas son renovadas y cada uno puede cumplir de manera completa con el llamado y propósito por el cual han sido apartados.

LA META este es su primer sencillo, pero ahora es la nueva versión Remix, escrita por Jennifer Hurtado y Yeison, producida por Manuel Acevedo, fue inspirado en Filipenses 4:13-14 y nace como un clamor de aliento, y esperanza en medio de las dificultades que el ser humano pasa desapercibido, pero en todo ello el Salvador Jesús es quien sustenta a todos y cada uno equipándolos para seguir adelante.
El mayor deseo es que a través de este sencillo es que el mundo sepa acerca de aquel Jesús que entregó su vida por amor y que puedan conocerle en intimidad hasta el punto de reconocer su suficiencia.

The
CHOSEN
(LOS ELEGIDOS)

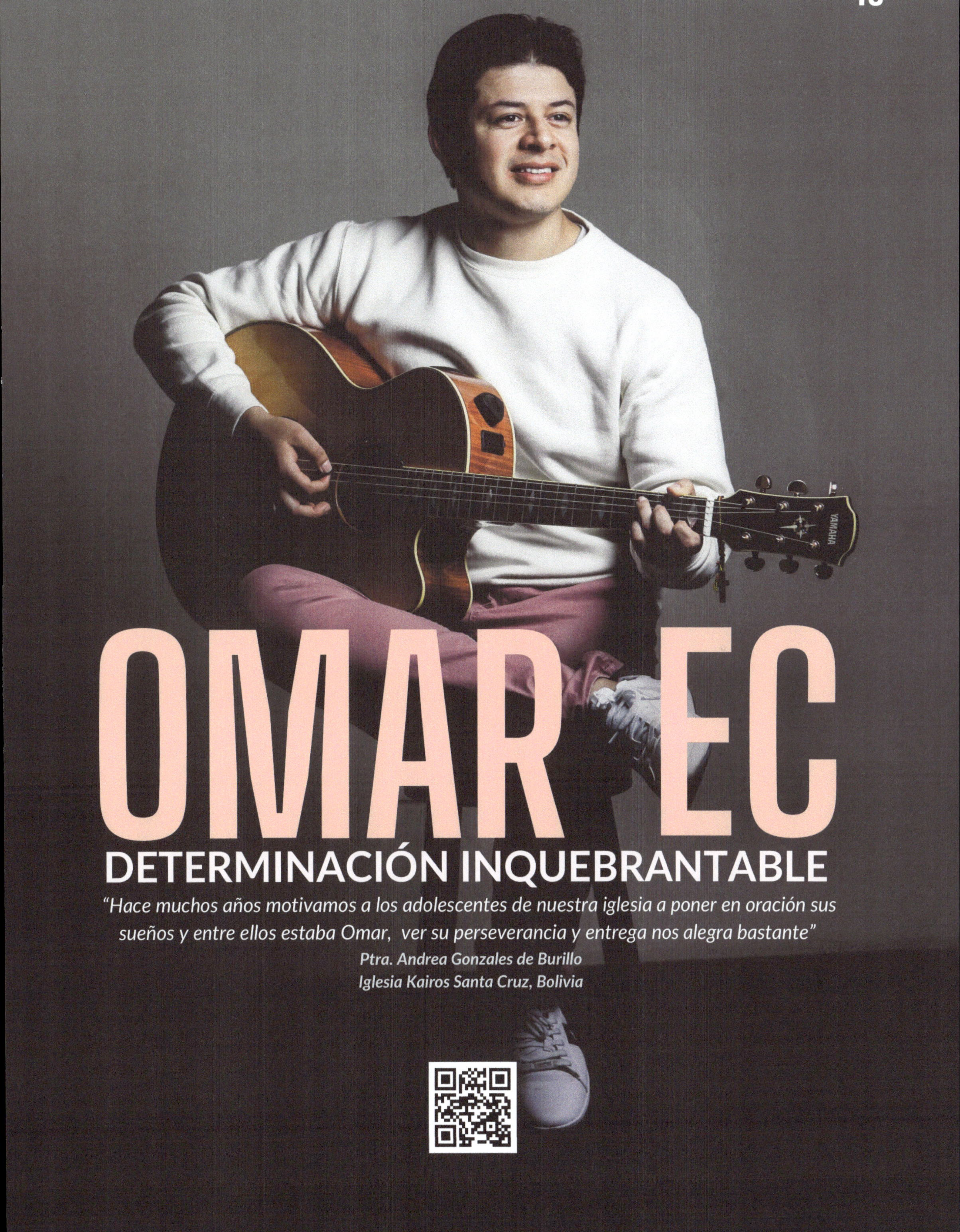

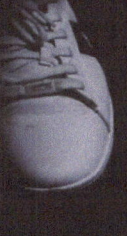

OMAR EC
DETERMINACIÓN INQUEBRANTABLE

"Hace muchos años motivamos a los adolescentes de nuestra iglesia a poner en oración sus sueños y entre ellos estaba Omar, ver su perseverancia y entrega nos alegra bastante"

Ptra. Andrea Gonzales de Burillo
Iglesia Kairos Santa Cruz, Bolivia

OMAR EC

Omar Campos, nació en el corazón de Sudamérica, Bolivia; actualmente reside en Australia y junto a su esposa Gabriela Mosquera sueñan con llevar la música al siguiente nivel.

Por: Cesia Morales para Ecomova Magazine
Australia/Bolivia
Noviembre 2023

OMAR EC es un proyecto que empezó con la misión de inspirar y levantar un cántico nuevo que dé gloria a Jesucristo. Tuvo la oportunidad de estudiar composición y teología en Australia para aplicarlos a su música y componer canciones que edifiquen la Iglesia. Como artista independiente, ha publicado 21 composiciones de alabanza y adoración, en 3 álbumes de estudio y 3 álbumes grabados en vivo.

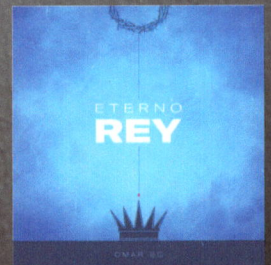

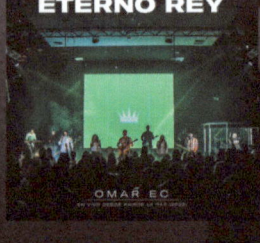

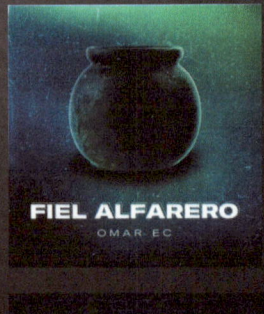

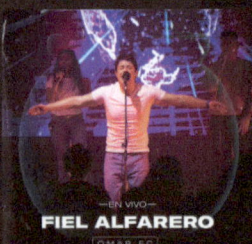

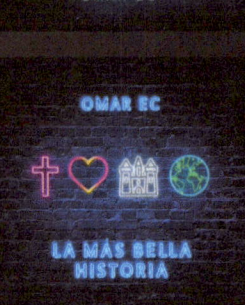

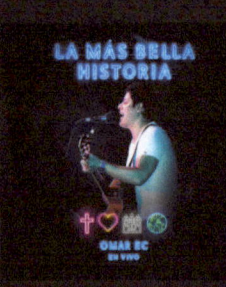

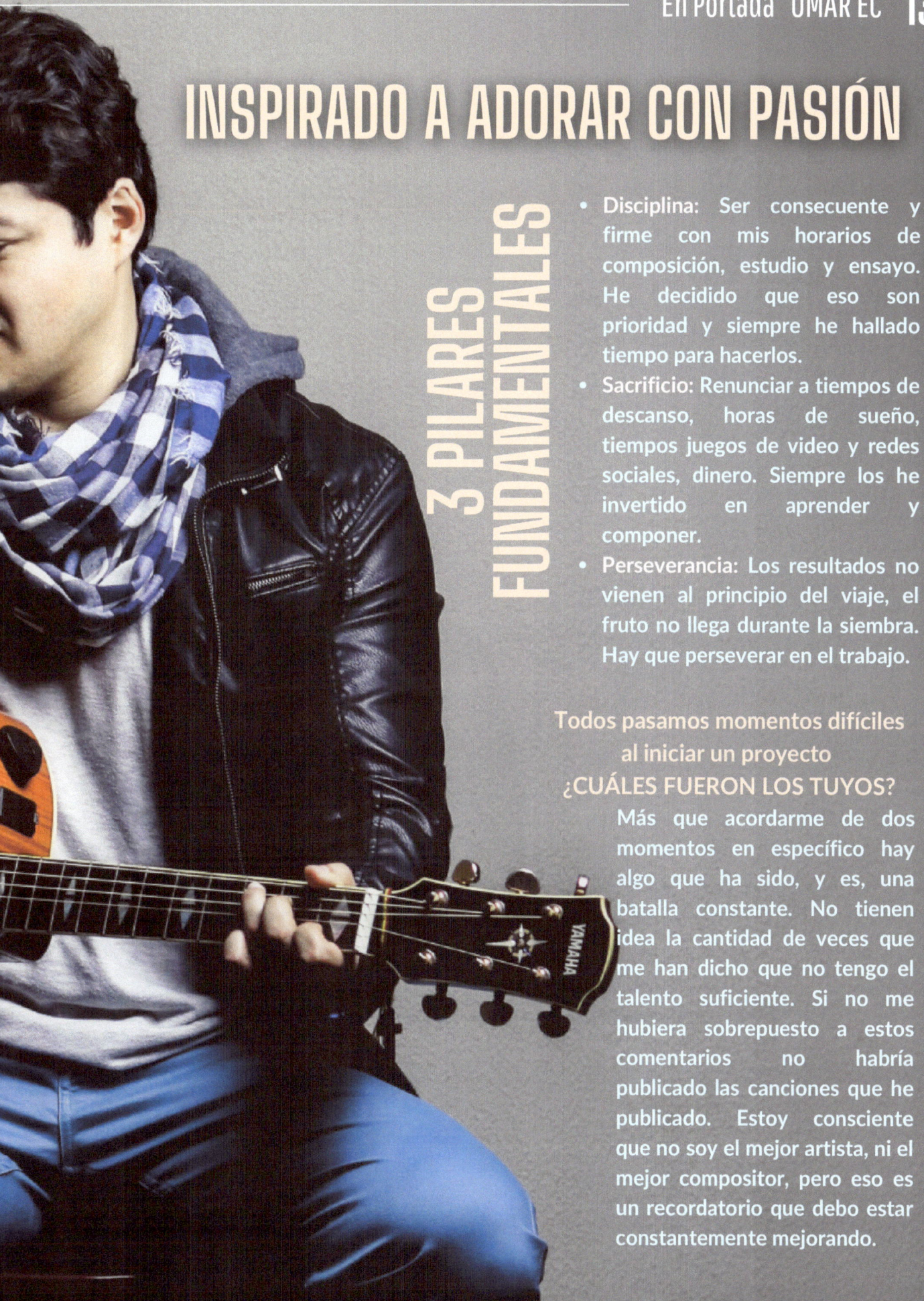

INSPIRADO A ADORAR CON PASIÓN

3 PILARES FUNDAMENTALES

- Disciplina: Ser consecuente y firme con mis horarios de composición, estudio y ensayo. He decidido que eso son prioridad y siempre he hallado tiempo para hacerlos.
- Sacrificio: Renunciar a tiempos de descanso, horas de sueño, tiempos juegos de video y redes sociales, dinero. Siempre los he invertido en aprender y componer.
- Perseverancia: Los resultados no vienen al principio del viaje, el fruto no llega durante la siembra. Hay que perseverar en el trabajo.

Todos pasamos momentos difíciles al iniciar un proyecto
¿CUÁLES FUERON LOS TUYOS?

Más que acordarme de dos momentos en específico hay algo que ha sido, y es, una batalla constante. No tienen idea la cantidad de veces que me han dicho que no tengo el talento suficiente. Si no me hubiera sobrepuesto a estos comentarios no habría publicado las canciones que he publicado. Estoy consciente que no soy el mejor artista, ni el mejor compositor, pero eso es un recordatorio que debo estar constantemente mejorando.

INFLUENCIAS MUSICALES

Por un lado, las composiciones de Joel Houston, líder de Hillsong UNITED, me han desafiado a componer canciones que tengan un contenido profundo y que edifiquen la Iglesia. Por otro lado, mis líderes Mauricio Soria Galvarro (✝) y Juan Pablo Burillo, pastores de la congregación KAIROS en Bolivia me han inspirado a adorar con mucha pasión, derramando todo mi corazón en alabanza y adoración.

ANHELOS MUSICALES

Primero me encantaría compartir escenario con el grupo de alabanza que yo fui parte por 12 años antes de dejar Bolivia. Es KAIROS WORSHIP. Compartir con ellos escenario sería como compartir con la familia. También me encantaría compartir escenario con el ministerio de "Su Presencia". Creo que ellos son un importante referente latinoamericano en alabanza y adoración contemporánea.

Omar nos comparte su preparación antes de iniciar una nueva producción

En cuanto a lo físico, hago ejercicio 5 veces por semana y como saludable de lunes a viernes (los fines de semana me relajo). Este estilo de vida me permite tener defensas altas y mantenerme sano y estar listo para una producción en todo momento.

Con respecto a lo mental, tener una rutina me ayuda bastante. Somos seres de costumbre y tener una rutina me ayuda a cumplir las metas que me propongo en el tiempo que me he establecido.

En cuanto a lo espiritual, la adoración, la oración y estudio de la palabra dentro de mi rutina son lo más fundamental, ya que de ahí es que sale el contenido de mi música.

LA MÁS BELLA HISTORIA

Es un álbum de alabanza y adoración que cuenta cual es el plan de Dios con nosotros en la creación. De inicio a fin, la Biblia nos cuenta una historia unificada. Empieza con la creación de cielos y tierra y termina con la renovación de los cielos y tierra. Aunque el hombre se rehusó a seguir el plan de Dios de gobernar la creación a su nombre, Dios no nos abandonó, e hizo un plan para redimirnos y restaurar su creación a través de su reino inaugurado por Jesucristo. Esa historia es la que cuenta mi álbum "La Más Bella Historia". Este álbum fue grabado en La Paz - Bolivia en Junio de este año en una noche de adoración donde se filmó todo el álbum.

LOS CONSEJOS...

...QUE MEDIERON

Mi pastor me dijo que seguir el llamado de Dios es como lanzarse a una piscina sin saber si hay o no agua. Él decía, que es mejor lanzarse y encontrar que no había agua al no haberse lanzado. Identificar la voz de Dios en la vida ministerial no es fácil, pero solo tomando acción veremos si era o no la voz. Si no era, será para aprendizaje.

...QUE DARÍA AL OMAR DE 15 AÑOS

Dos cosas. No escuches a aquellos que dicen que no tienes lo que se requiere. Y usa tu tiempo libre para mejorar y aprender lo más que puedas.

VIVIMOS EN UNA TIEMPO DIFÍCIL EN TODOS LO ASPECTOS, QUE CONSEJO LES DARÍAS A AQUELLAS PERSONAS QUE ESTÁN PENSADO RENUNCIAR A SUS SUEÑOS DE HACER MÚSICA O ALGO APARENTEMENTE MÁS GRANDE PARA DIOS

Persevera. Seguir a Dios es parte del camino angosto y requiere sacrificio. Hay que quitar de nuestro vocabulario el "no tengo tiempo" y "no tengo dinero". Si realmente lo quieres, vas a hacer tiempo, y en cuanto a los recursos, usa lo que posees al momento al máximo y Dios traerá la provisión para cumplir la visión.

GABRIEL GALLEGO

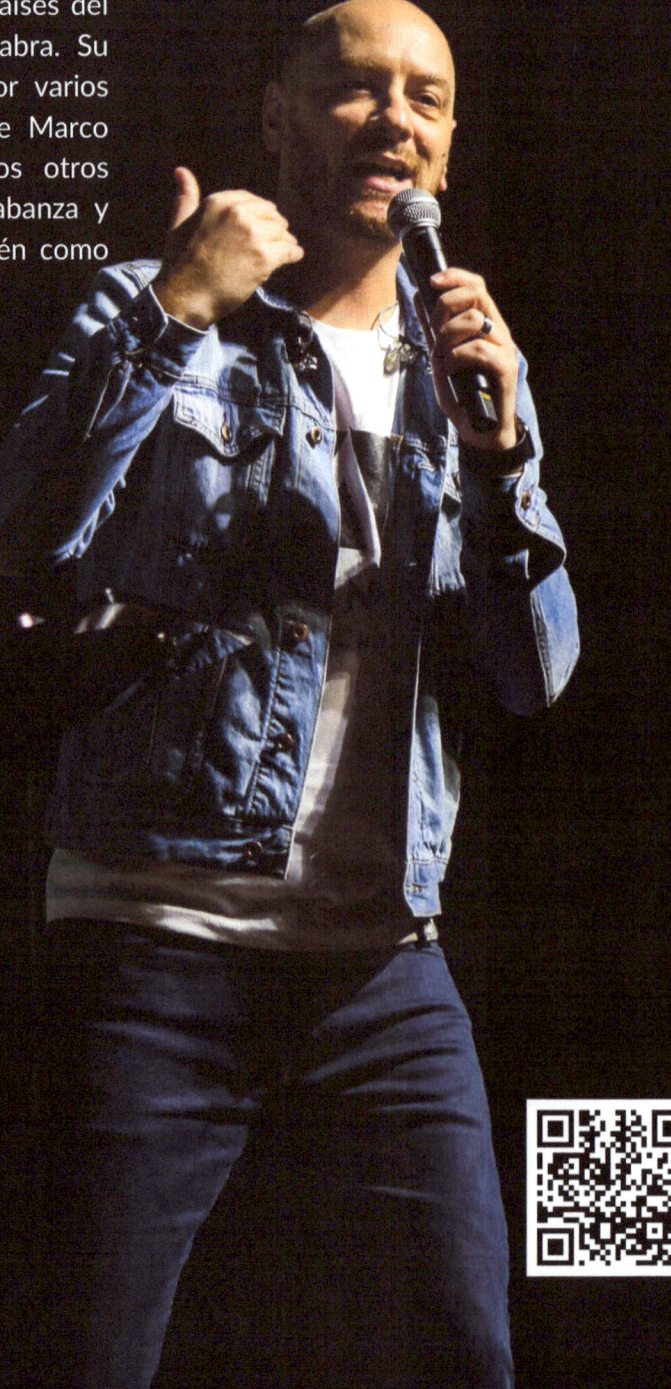

Originario de Buenos Aires, Argentina, Gabriel ha viajado por más de 20 años por diferentes países del mundo ministrando con la música y la Palabra. Su formación musical lo llevo a ser pianista por varios años de Marcos Witt y director musical de Marco Barrientos al igual que trabajar con tantos otros ministerios reconocidos en el área de la alabanza y adoración, no solo como pianista sino también como productor.

Su pasión por formar músicos y adoradores con el carácter de Cristo, ha hecho que trabaje incansablemente en el desarrollo de varios proyectos de educación musical. Después de ser director del Instituto CanZion por más de 8 años en diferentes ciudades de los Estados Unidos, Gabriel fundó el Instituto VidaMusik en el 2011, el cual ha entrenado a más de mil adoradores que sirven activamente en sus iglesias locales. En el 2016,fundó y colaboró en el desarrollo de Aliento Music School, al lado de Marco Barrientos.

Gabriel también ha ejercido el llamado pastoral en diversas congregaciones de los Estados Unidos y Argentina. En los últimos años, formó parte del equipo pastoral de Aliento en Dallas, Texas, iglesia fundada por Marco y Carla Barrientos. Actualmente, Gabriel sirve en su iglesia local como pastor de alabanza y radica en la ciudad de McAllen, Texas, junto a su esposa Anneth y sus hijos Santiago y Elena.

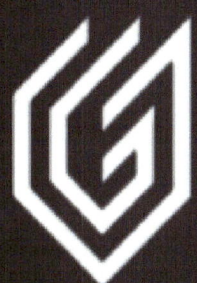

LA IMPORTANCIA DE LA MÚSICA EN LA IGLESIA

Por: Gabriel Gallego para Ecomova Magazine
McAllen, Texas, Estado Unidos
Noviembre 2023

Es una virtud directa de Dios dada a los hombres por ser creados a imagen y semejanza de Dios.

¡LA MÚSICA ES CREADA POR DIOS!

Romanos 11:36 de Él y por Él y en Él son todas las cosas. Salmos 33:9 Él creó todo lo que existe por medio de su palabra. Bastó una orden suya para que todo quedara firme.

LA MÚSICA ES UN PUNTO DE CONEXIÓN

Dios creo la música para ser un punto de encuentro, un lugar de comunión con el Dios invisible. La meta y el propósito más alto de la música es ser un vehículo para que Dios exprese Su grandeza, Su Gloria y Su amor al hombre. Es dada al hombre para expresar su aprecio y adoración a Dios. ¡Fue creada para unir los mundo invisible y visible, donde adoramos y tenemos comunión con El! Mike Herron "Creados para adorar"

A través de sonidos y melodías especificas los soldados se preparaban para la batalla. En el AT, Dios reveló sus planes y propósitos a Israel por el uso de su "palabra" o su "voz" mediante sus mensajeros. Así la idea de obediencia está íntimamente relacionada con la palabra hebrea shama, "oír". Tan entrelazados están el "oír" con el "obedecer" que los traductores frecuentemente se ven presionados para saber cuándo deben traducir shama como "oír" u "obedecer".

El NT sigue la idea de obediencia del AT. El término griego común es υπακοη (upakoé), "oír". Jesucristo siguió el uso del AT cuando dijo a las multitudes: "El que tenga oídos para oír, oiga". Claramente les estaba diciendo que no deseaba que solo oyeran en el sentido físico, sino que respondieran con fe a los preceptos que Él había establecido, es decir, que obedecieran sus mandamientos. En esta forma el oír llegaría a ser obediencia. Esta es precisamente la respuesta que los profetas del AT esperaban lograr de sus oyentes. Otra vez Jesús dijo: "Cualquiera, pues, que me oye estas palabras, y las hace, le compararé a un hombre prudente, que edificó su casa sobre la roca" (Mt. 7:24). De esta manera, oír significaba que los oyentes creyeran y obedecieran. La evidencia de que el pueblo había "escuchado" (obedecido) era que se arrepintieran y creyeran en el evangelio y siguieran adelante viviendo en forma diferente. Así que la fe es por el oír, y el oír, por la palabra de Dios. Romanos 10:17

LA MÚSICA NOS AYUDA A ESCUCHAR LA VOZ DE DIOS

En la religión hebrea el genuino oír es sinónimo de obedecer. Si una persona no obedece, indica que realmente no ha oído.

INSTITUTO

DESCUBRE EL NUEVO SITIO DEL INSTITUTO E625

Y lleva tu ministerio al siguiente nivel.

www.InstitutoE625.com

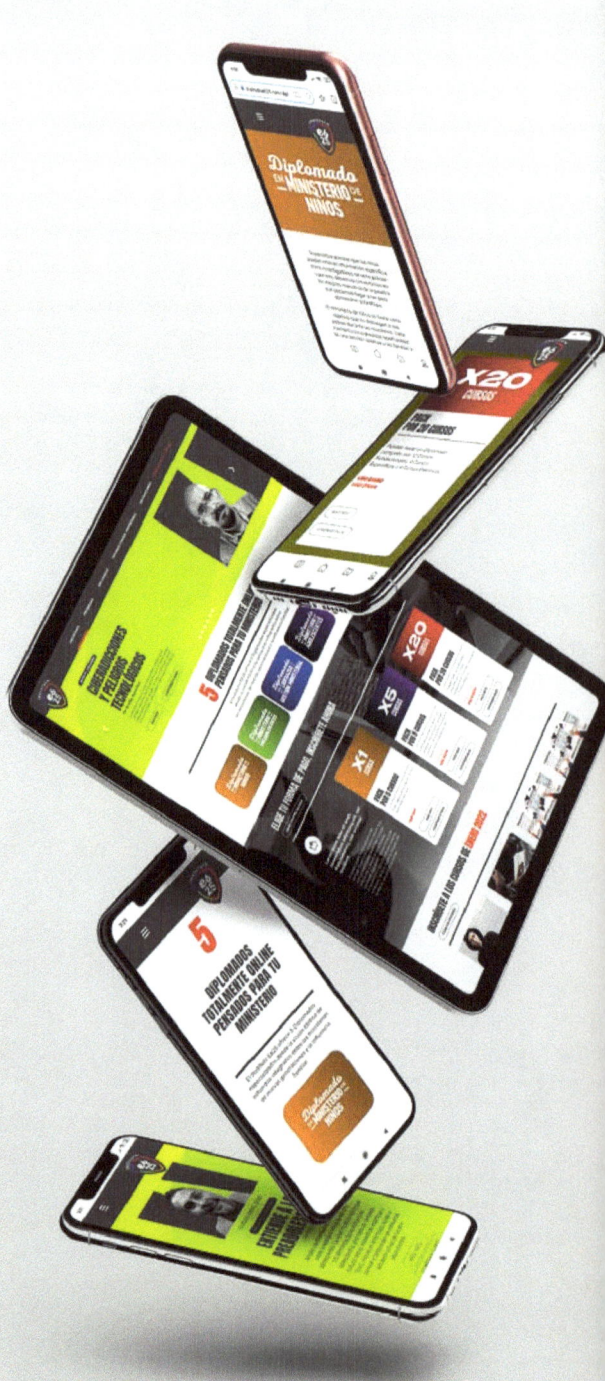

Escanéa el código para ver más

Damaris
ELAINE

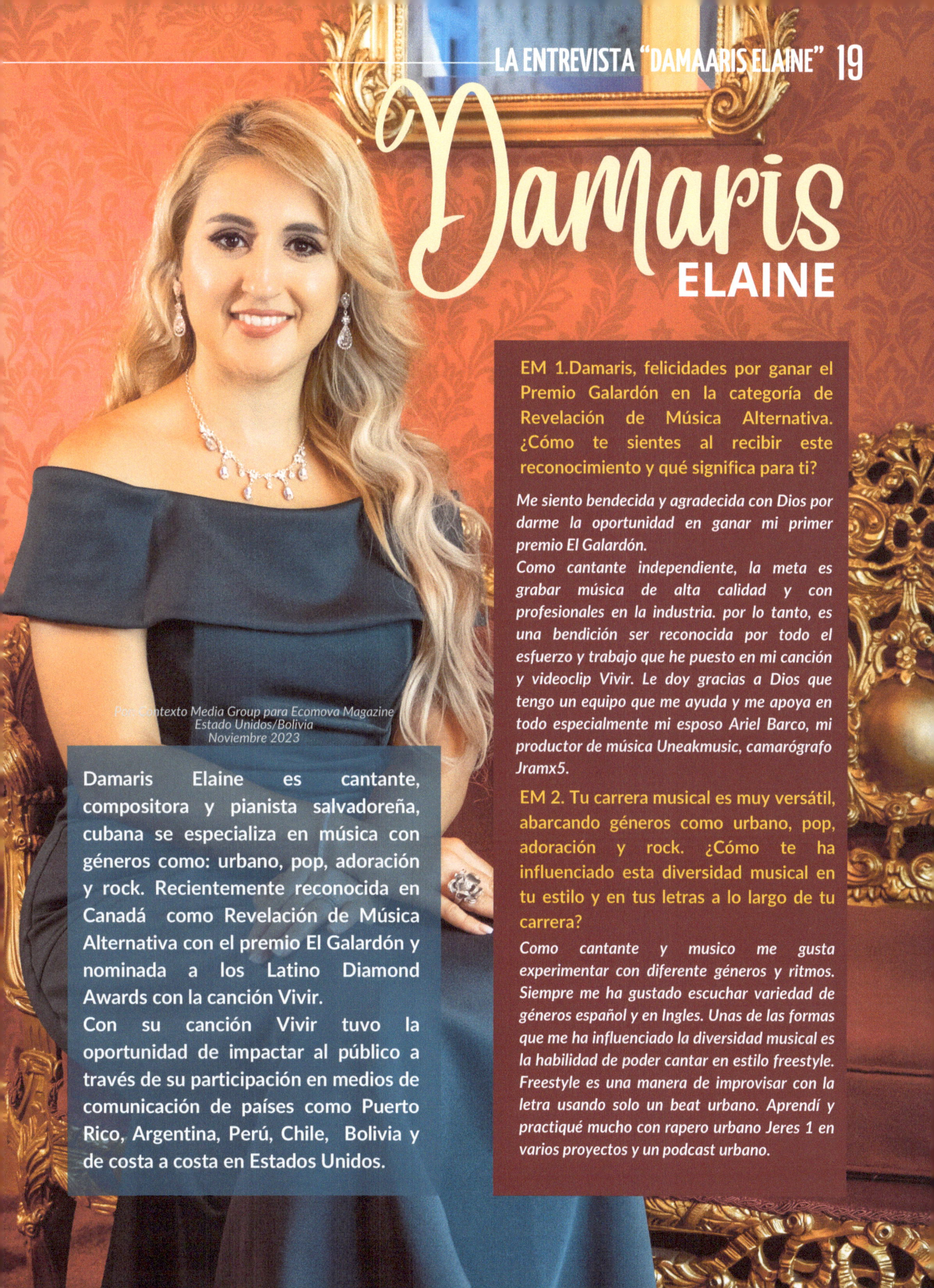

Por Contexto Media Group para Ecomova Magazine
Estado Unidos/Bolivia
Noviembre 2023

Damaris Elaine es cantante, compositora y pianista salvadoreña, cubana se especializa en música con géneros como: urbano, pop, adoración y rock. Recientemente reconocida en Canadá como Revelación de Música Alternativa con el premio El Galardón y nominada a los Latino Diamond Awards con la canción Vivir.

Con su canción Vivir tuvo la oportunidad de impactar al público a través de su participación en medios de comunicación de países como Puerto Rico, Argentina, Perú, Chile, Bolivia y de costa a costa en Estados Unidos.

EM 1. Damaris, felicidades por ganar el Premio Galardón en la categoría de Revelación de Música Alternativa. ¿Cómo te sientes al recibir este reconocimiento y qué significa para ti?

Me siento bendecida y agradecida con Dios por darme la oportunidad en ganar mi primer premio El Galardón.

Como cantante independiente, la meta es grabar música de alta calidad y con profesionales en la industria. por lo tanto, es una bendición ser reconocida por todo el esfuerzo y trabajo que he puesto en mi canción y videoclip Vivir. Le doy gracias a Dios que tengo un equipo que me ayuda y me apoya en todo especialmente mi esposo Ariel Barco, mi productor de música Uneakmusic, camarógrafo Jramx5.

EM 2. Tu carrera musical es muy versátil, abarcando géneros como urbano, pop, adoración y rock. ¿Cómo te ha influenciado esta diversidad musical en tu estilo y en tus letras a lo largo de tu carrera?

Como cantante y musico me gusta experimentar con diferente géneros y ritmos. Siempre me ha gustado escuchar variedad de géneros español y en Ingles. Unas de las formas que me ha influenciado la diversidad musical es la habilidad de poder cantar en estilo freestyle. Freestyle es una manera de improvisar con la letra usando solo un beat urbano. Aprendí y practiqué mucho con rapero urbano Jeres 1 en varios proyectos y un podcast urbano.

Como Tú Me Ves

es el más reciente sencillo de Damaris Elaine

EM 3. "Cómo Tú Me Ves" aborda temas de autoestima y la importancia de verse a uno mismo como un hijo de Dios. ¿Qué te inspiró a escribir esta canción y cuál es el mensaje principal que esperas transmitir a tus oyentes?

La inspiración viene de amistades cercanas que me comparten sus luchas con las apariencias e inseguridades. También sabemos que las redes han creado una falsa ilusión de lo que es la belleza y la realidad. Usualmente, estas personas tienen un corazón roto y herido, por eso no logran reconocer el valor que ellos tienen. Sin embargo, Dios nos ve con ojos de amor y nos recuerda que somos hijos de Dios, real sacerdocio, príncipes/realeza. Como dice en 1 Juan 4:18 El amor de Dios vence todo temor. Y cuando tenemos el amor de Dios en nuestro corazón, podemos ver como Él nos ve sin juzgarnos y nos acepta tal como somos.

Si eres un creyente en Dios, fuiste creado en su imagen real, sacerdocio, príncipes reales.

EM 4. El video musical de la canción muestra una historia de una chica que lucha por aceptarse a sí misma. ¿Puedes hablarnos un poco más sobre la inspiración detrás del video y por qué decidiste abordar este tema en particular?

En este video decidí mostrar un ejemplo de lucha con las apariencias, ejemplificado en una joven que piensa que está con sobrepeso y no está contenta con su imagen. La intención es que sea fácil de captar y relacionar el mensaje.

Este video también contiene elementos artísticos que incluye una bailarina en medio de la oscuridad y lluvia que representa emociones de desaparición y soledad. Pienso que incluir a la bailarina que eleva lo visual a otro nivel artístico para atraer nuevas audiencias con la esperanza que el mensaje de la letra de la canción que son amados por Dios y tiene que amarse ellos mismo.

EM 5. En tu declaración mencionas la importancia de alcanzar tanto a aquellos que no han rendido su vida a Dios como a los que conocen la palabra, pero sienten un vacío en sus corazones. ¿Cómo esperas que "Cómo Tú Me Ves" llegue a ambos públicos?

Esta canción fue escrita en forma que se puede escuchar por cualquier persona, por emjemplo, en mi trabajo, le presento a mis compañeros la nueva canción y adonde quiera que voy. En la mayoría de las personas en estos sitios no son creyentes. Globalmente el alcance general por medio de las plataformas digitales.

EM 6. Has colaborado con diversos artistas en tu carrera, tanto a nivel local como internacional. ¿Cómo seleccionas tus colaboraciones y qué has aprendido de trabajar con músicos de diferentes orígenes y estilos?

Primeramente, veo que es el tema, la reputación y conducta del cantante. Lo más importante parte para mí que Dios me confirme trabajar con el artista.

Yo he aprendido cómo trabajar con diferentes artistas y diferentes géneros, no es necesario estar en la misma cuidad o mismo país para ser una colaboración. Cuando grabamos Emanuel con Redes de Adoradores, cada cantante tuvo que grabar su parte y filmar un videoclip para la canción individualmente. El año pasado tuve la oportunidad de hacer una colaboración en la canción Sigue No Te Rindes con Mariannah y Diego junto con Jeffrey Nku. Filmamos el videoclip en tres países, España, Cuba y Colombia. Puedo decir que fue una experiencia inolvidable.

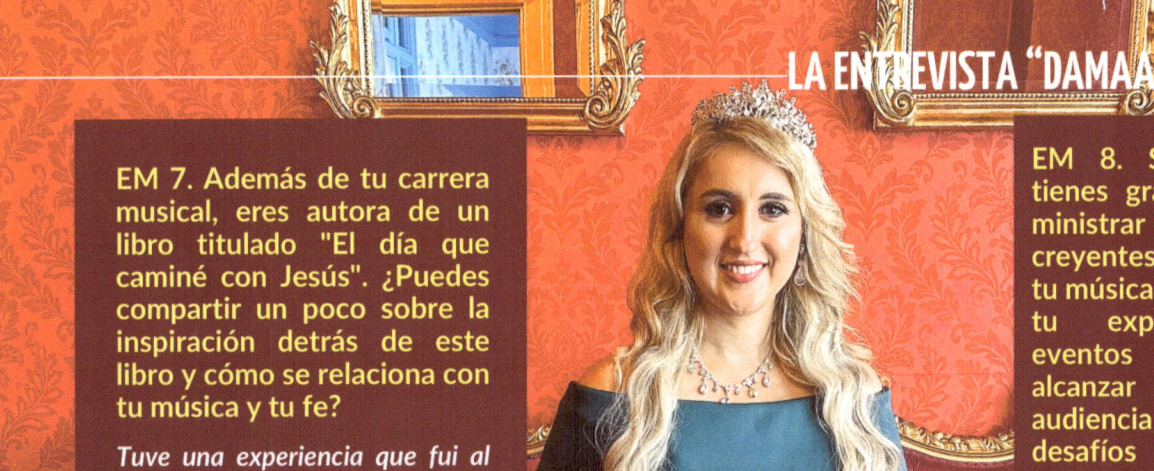

EM 7. Además de tu carrera musical, eres autora de un libro titulado "El día que caminé con Jesús". ¿Puedes compartir un poco sobre la inspiración detrás de este libro y cómo se relaciona con tu música y tu fe?

Tuve una experiencia que fui al cielo que marcó mi vida y la de mi familia. Esta experiencia me dio certeza de la existencia del cielo y conocer a Jesús por primera vez. En los momentos que quiera desviarme de los caminos de Dios me acordaba de esta experiencia y no me alejaba. También recibí la profecía de que muchos pastores se levantarían a pastorear congregaciones.

"ESTOY TRABAJANDO EN UN EP QUE TENDRÁ FUTURAS COLABORACIONES. PLANEO UN TOUR POR LATINOAMÉRICA. SÉ QUE DIOS TIENE PREPARADAS MUCHAS SORPRESAS. LO MEJOR ESTÁ POR VENIR"

Por: Orlando Jiménez para Ecomova Magazine
Estado Unidos/Bolivia
Noviembre 2023

EM 8. Sabemos que tienes gran interés en ministrar a no creyentes a través de tu música. ¿Cuál ha sido tu experiencia en eventos destinados a alcanzar a esta audiencia, y qué desafíos has enfrentado en este aspecto de tu carrera?

Cuando viajé a México tuve la oportunidad de ser la cantante principal en un evento donde asistieron aproximadamente mil personas. Fui invitada por una organización que buscaban tener a alguien con un mensaje de esperanza y música espiritual. En lo personal me alegré cuando vi jóvenes brincando con canciones más alegres. Cuando canté "Perdonado Estas" yo vi personas llorando por el mensaje de perdón que habla la canción.

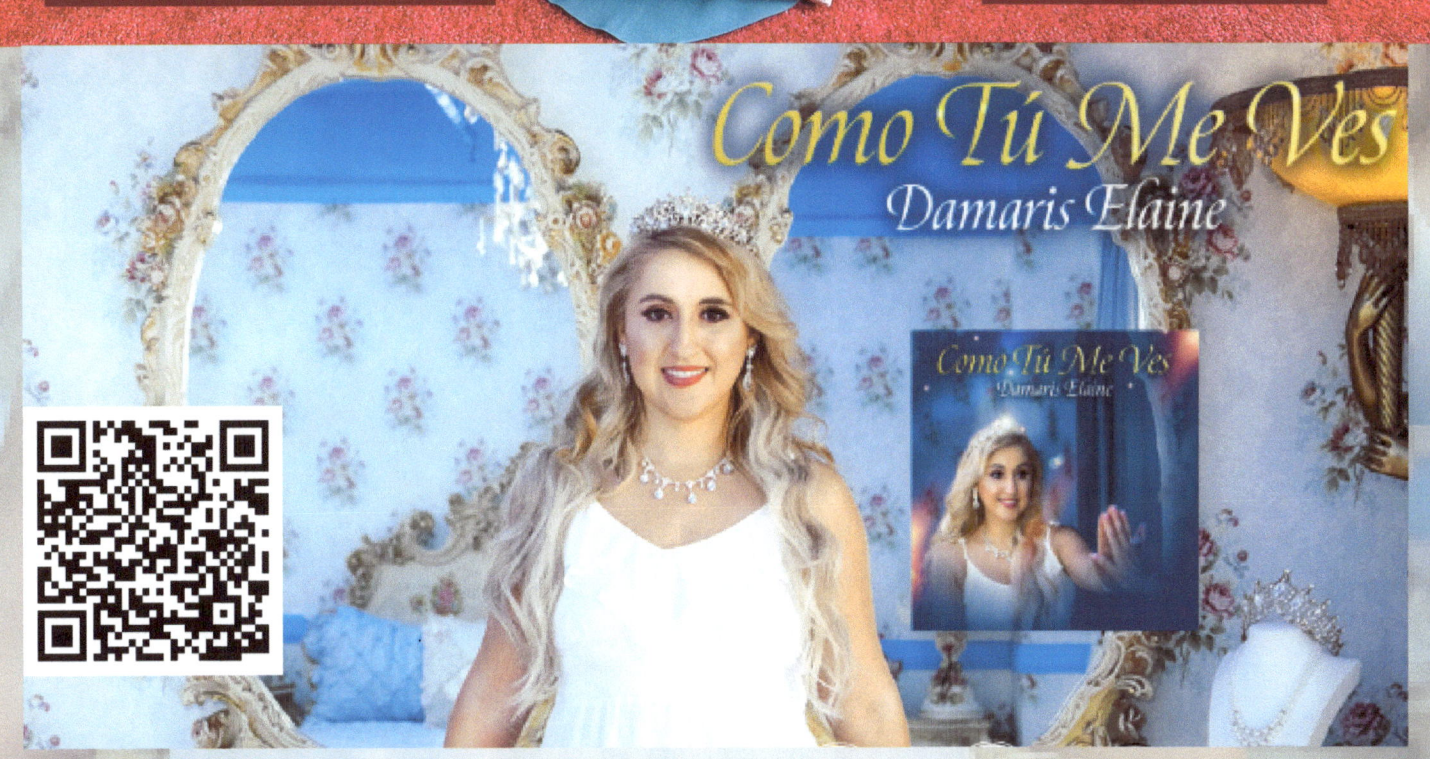

Como Tú Me Ves
Damaris Elaine

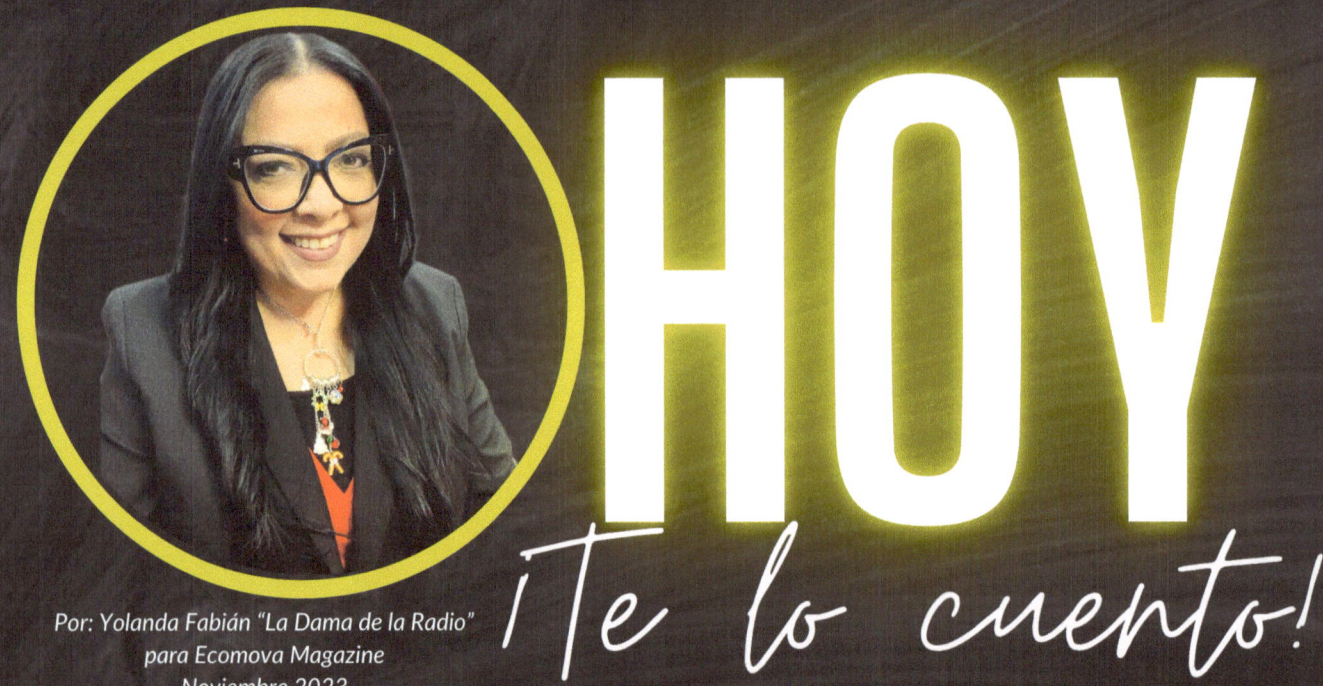

HOY
¡Te lo cuento!

Por: Yolanda Fabián "La Dama de la Radio"
para Ecomova Magazine
Noviembre 2023

"LA TRANSFORMADORA FUERZA DEL AGRADECIMIENTO"

En un mundo lleno de situaciones es fácil pasar por alto el poder del agradecimiento. En este día deseo que reconozcamos la importancia del agradecimiento en nuestras vidas y cómo puede ser una fuente de alegría, paz y transformación espiritual. Examinaremos dos versículos bíblicos que nos guían en nuestra búsqueda de agradecer a Dios.

El agradecimiento, en su esencia, es un poderoso recordatorio de las bendiciones que nos rodean. La gratitud va más allá de las palabras de cortesía; es una actitud que puede cambiar nuestra percepción de la vida y nuestras relaciones con los demás. Es un faro de luz en medio de la oscuridad, una brújula espiritual que nos guía hacia un estado de bienestar y alegría profunda.

EL REGALO - LA GRATITUD

La gratitud es un recordatorio constante de que la vida está llena de regalos. Agradecer no solo es un gesto amable, sino también una fuente de bienestar emocional y espiritual. Cuando nos enfocamos en lo que tenemos en lugar de lo que nos falta, comenzamos a descubrir la riqueza que ya existe en nuestras vidas. La gratitud es una práctica que cambia nuestra perspectiva y nos invita a apreciar lo que a menudo damos por sentado.

Versículos Bíblicos sobre el Agradecimiento:

"Entren por sus puertas con acción de gracias, y a sus atrios con alabanza; denle gracias y alaben su nombre."
Salmo 100:4 (NVI)

Este verso nos recuerda la importancia de entrar en la presencia de Dios con agradecimiento y alabanza, reconociendo su bondad y generosidad. Cada acto de gratitud es como una puerta que nos acerca a la presencia divina.

"Den gracias en toda circunstancia, porque esta es la voluntad de Dios para ustedes en Cristo Jesús."
1 Tesalonicenses 5:18 (NVI)

Este verso nos anima a dar gracias en todas las circunstancias, recordándonos que el agradecimiento es parte de la voluntad de Dios para nosotros. Al hacerlo, nos alineamos con el plan divino para nuestras vidas.

BENEFICIOS DEL AGRADECIMIENTO ¿CUÁNTO NOS BENEFICIA EL SER AGRADECIDO?

El agradecimiento no es solo una virtud, sino una herramienta que puede transformar nuestra vida. Practicar la gratitud regularmente tiene un impacto profundo en nuestra salud mental y emocional. Nos ayuda a mantener una mentalidad positiva, a reducir el estrés y la ansiedad, y a fortalecer nuestras relaciones con los demás.

Cuando damos gracias, estamos más en sintonía con el presente, disfrutando plenamente de cada momento. La gratitud también nos hace más resistentes a los desafíos de la vida, ya que nos recuerda que incluso en tiempos difíciles, hay razones para ser agradecidos.

Además de los beneficios emocionales y mentales, el agradecimiento puede ser una poderosa herramienta espiritual. Al agradecer a Dios por las bendiciones recibidas, nos acercamos a una relación más profunda con lo divino. La gratitud nos permite reconocer la generosidad de Dios y su amor incondicional hacia nosotros. Cada acto de gratitud es una forma de oración silenciosa que conecta nuestra alma con lo divino.

La gratitud también nos impulsa a ser generosos y compasivos con los demás. Cuando apreciamos lo que tenemos, estamos más dispuestos a compartirlo con quienes están en necesidad. Así, el agradecimiento no solo nos transforma individualmente, sino que también tiene el potencial de crear un efecto positivo en el mundo que nos rodea.

EN CONCLUSIÓN

El agradecimiento es un regalo que podemos dar a nosotros mismos y a los demás. Es una forma de abrir nuestros corazones a la abundancia de la vida y conectarnos con la esencia espiritual que habita en nuestro interior. Al recordar los versículos bíblicos que nos instan a dar gracias, podemos encontrar inspiración y orientación en nuestro viaje hacia la gratitud.

La gratitud es un faro que ilumina nuestro camino, una brújula espiritual que nos guía hacia una vida más plena y significativa. Así que, en medio de las pruebas y los triunfos de la vida, recordemos siempre la importancia de dar gracias, por lo que tenemos y por lo que está por venir.

Agradecida a todos por su respaldo y mi agradecimiento a Ecomova Magazine, por permitirme compartir estos pensamientos. ¡SE AGRADECIDO SIEMPRE! ¡Que el Señor te bendiga y te guarde!

Conecta con
La Dama de la Radio

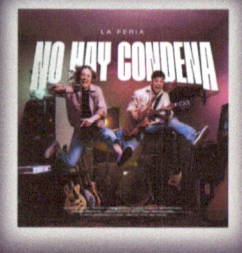

LA FERIA
NO HAY CONDENA

Compartiendo un testimonio de fe y esperanza que resuena en cada acorde y letra.

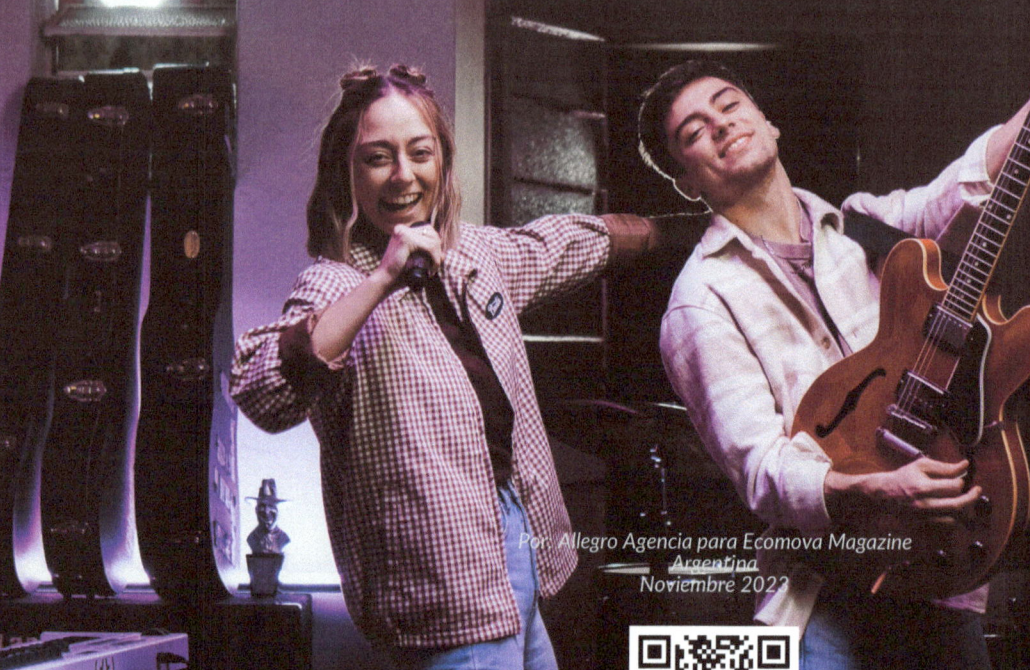

Por Allegro Agencia para Ecomova Magazine
Argentina
Noviembre 2023

El esperado primer álbum del dúo argentino La Feria, compuesto por los talentosos hermanos Federico y Agustina Eyherabide, finalmente ve la luz con el lanzamiento de "No hay condena".

Bajo la experta producción de los reconocidos Ale Vázquez y Marcelo Núñez, "No hay condena" cuenta con 10 canciones que exploran principalmente el género rock pop, pero no temen aventurarse en una rica diversidad de sonidos.

El álbum toma su nombre de una de las canciones principales, "No hay condena", que sirve como carta de presentación. La canción aborda la noción de que cuando los seres humanos intentan tomar las riendas de sus vidas, a menudo terminan confundidos y desorientados. Además, enfatiza la idea de que en Dios no hay condenación y que nunca es demasiado tarde para regresar a Él como Padre.

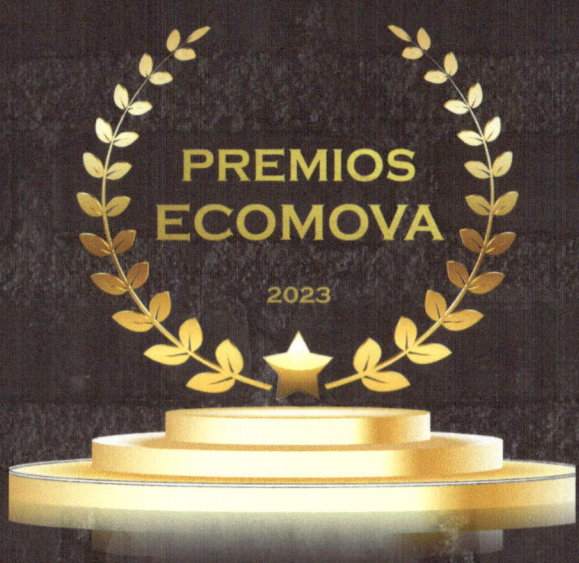

PREMIOS ECOMOVA

2023

GANADORES PREMIOS ECOMOVA 2022

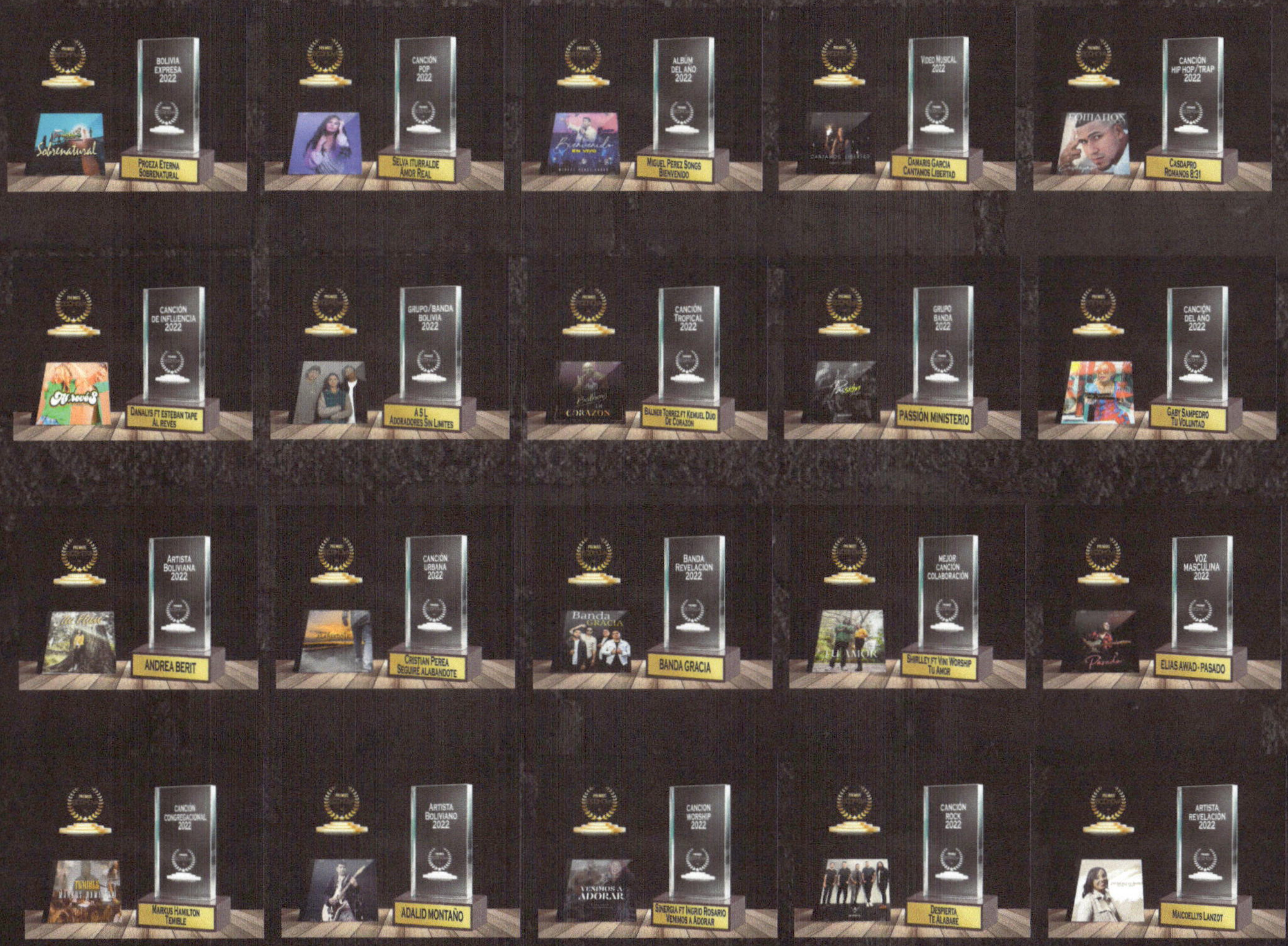

BOLIVIA EXPRESA 2022 PROEZA ETERNA SOBRENATURAL	CANCIÓN POP 2022 SILVIA ITURRALDE AMOR REAL	ÁLBUM DEL AÑO 2022 MIGUEL PEREZ BONOS BIENVENIDO	VIDEO MUSICAL 2022 CHARABIS GARCIA CANTEMOS LIBERTAD	CANCIÓN HIP HOP/TRAP 2022 CANBARPO ROMANDA E31
CANCIÓN DE INFLUENCIA 2022 DANIALIS FT ESTEBAN TAPE AL REVES	GRUPO/BANDA BOLIVIA 2022 A SL ADORADORES SIN LIMITES	CANCIÓN TROPICAL 2022 BAJABA TORRES FT KEMUEL DUES DE CORAZÓN	GRUPO BANDA 2022 PASSIÓN MINISTERIO	CANCIÓN DEL AÑO 2022 GABY SAMPEDRO TU VOLUNTAD
ARTISTA BOLIVIANA 2022 ANDREA BERIT	CANCIÓN URBANA 2022 CRISTIAN PEREA BREGUME ALABÁNDOTE	BANDA REVELACIÓN 2022 BANDA GRACIA	MEJOR CANCIÓN COLABORACIÓN SHIRLLEY FT VIM WORSHIP TU AMOR	VOZ MASCULINA 2022 ELIAS AWAD-PASADO
CANCIÓN CONGREGACIONAL 2022 MARKUS HAMILTON TEMIBLE	ARTISTA BOLIVIANO 2022 ADALID MONTAÑO	CANCIÓN WORSHIP 2022 ENERGIA FT INGRID ROSARIO VENIMOS A ADORAR	CANCIÓN ROCK 2022 DESPIERTA TE ALARMÉ	ARTISTA REVELACIÓN 2022 MADDELLYN LANZOT

OREMOS POR
ISRAEL

ECOMOVA
MAGAZINE